gallina

แม่ไก่

mae kai

gallo

ไก่ตัวผู้

kaituaphu

pulcino

ลูกไก่

lukkai

anatroccolo

ลูกเป็ด

luk pet

tacchino

ไก่งวง

kainguang

asino

ลา

la

cigno

หงส์

hong

rana

กบ

kop

procione

แรคคูน

rae

orso

หมี

mi

scoiattolo

กระรอก

krarok

mosca

แมลงวัน

malaengwan

coccinella

แมลงเต่าทอง

malaengtaothong

verme

หนอน

non

lumaca

หอยทาก

hoithak

lumacone

ทาก

thak

ape

ผึ้ง

phueng

ragno

แมงมุม

maengmum

scarabeo

ด้วง

duang

libellula

แมลงปอ

malaengpo

leone
สิงโต

singto

zebra
ม้าลาย

malai

giraffa
ยีราฟ

yirap

rinoceronte
แรด

raet

serpente

งู

ngu

zanzara

ยุง

yung

tartaruga marina

เต่าทะเล

taothale

ippopotamo

ฮิปโปโปเตมัส

hippopotemat

alligatore

จระเข้

chorakhe

coccodrillo

จระเข้

chorakhe

squalo

ปลาฉลาม

plachalam

tricheco
วอลรัส

wonrat

pinguino
เพนกวิน

phenkawin

orso polare
หมีขั้วโลก

mikhualok

foca
แมวน้ำ

maeonam

stella marina

ปลาดาว

pladao

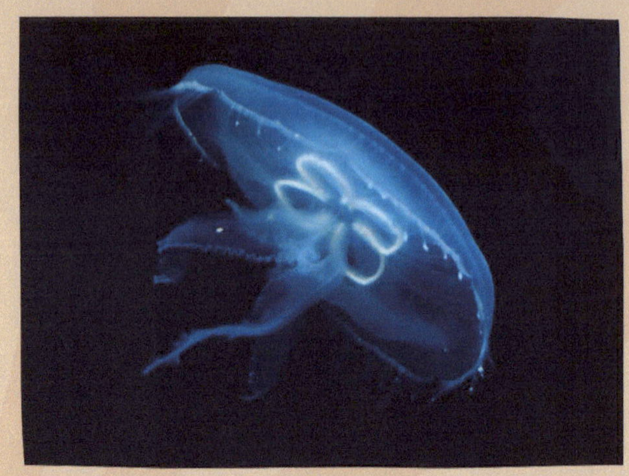

medusa

แมงกะพรุน

maengkaphrun

conchiglie

เปลือกหอย

plueakhoi

piuma

ขนนก

khon nok

11
undici
สิบเอ็ด
sip et

12
dodici
สิบสอง
sip song

13
tredici
สิบสาม
sip sam

14
quattordici
สิบสี่
sip si

15
quindici
สิบห้า
sip ha

16
sedici
สิบหก
sip hok

17
diciassette
สิบเจ็ด
sip chet

18
diciotto
สิบแปด
sip paet

19

diciannove

สิบเก้า

sip kao

20

venti

ยีสิบ

yi sip

cuore

หัวใจ

huachai

ovale

วงรี

wongri

freccia

ลูกศร

lukson

mezzaluna

เสี้ยว

siao

curva
เส้นโค้ง

senkhong

spirale
เกลียว

kliao

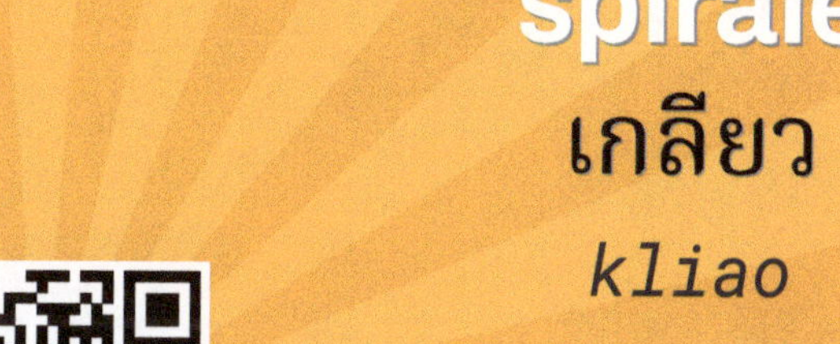

croce
กากบาท

kakabat

zigzag
ซิกแซก

siksaek

arcobaleno

รุ้ง

rung

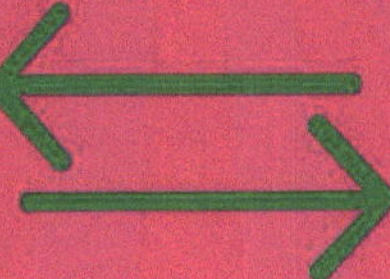

colori scuri

สีเข้ม

si khem

colori chiari

สีอ่อน

si-on

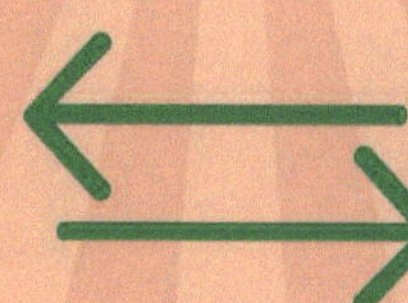

puntini

จุด

chut

linea

เส้น

sen

basso

เตี้ย

tia

alto

สูง

sung

poco
นิดหน่อย

nitnoi

tanto
มาก

mak

pieno
เต็ม

tem

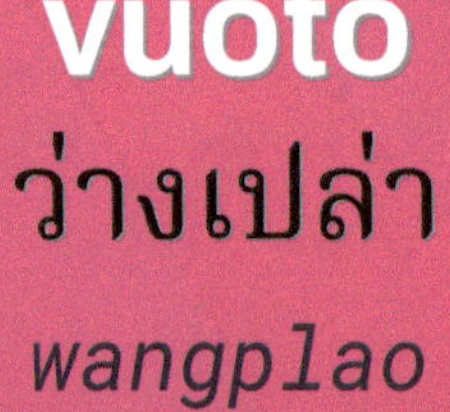

vuoto
ว่างเปล่า

wangplao

capelli ricci

ผมหยิก

phomyik

capelli lisci

ผมตรง

phom trong

accettare

ยอมรับ

yomrap

rifiutare

ปฏิเสธ

patiset

identico
เหมือนกัน

mueankan

diverso
ต่าง

tang

asciutto
แห้ง

haeng

bagnato
เปียก

piak

giocattoli

ของเล่น

khonglen

blocchi

บล็อก

blok

palla

ลูกบอล

lukbon

robot

หุ่นยนต์

hunyon

lingua

ลิ้น

lin

naso

จมูก

chamuk

capelli

ผม

phom

baffi

หนวด

nuat

dita

นิ้ว

nio

braccio

แขน

khaen

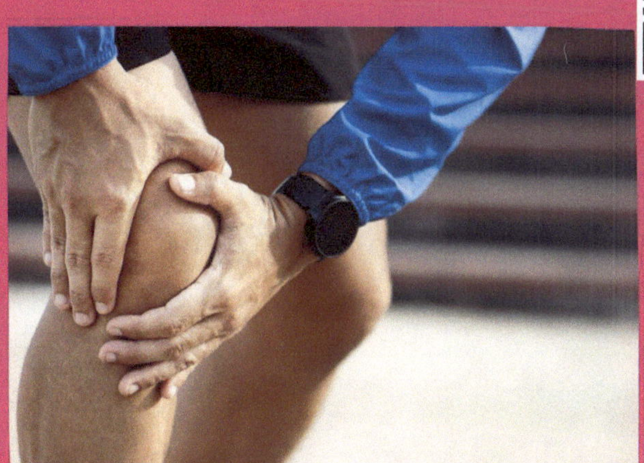

ginocchio

เข่า

khao

gomito

ข้อศอก

khosok

sorridere

ยิ้ม

yim

baciare

จูบ

chup

piangere

ร้องไห้

ronghai

dolore

ความเจ็บปวด

khwamcheppuat

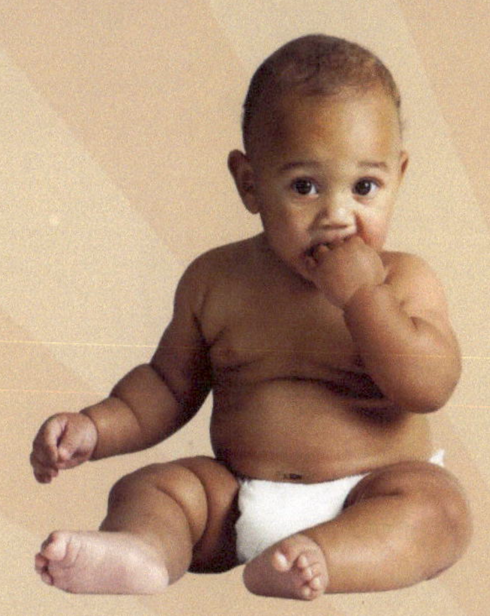

corpo

ร่างกาย

rangkai

schiena

หลัง

lang

ciuccio

จุกนม

chuk nom

seggiolone

เก้าอี้สูง

kao-isung

sapone

สบู่

sabu

spazzolino

แปรงสีฟัน

praengsifan

asciugamano

ผ้าขนหนู

phakhonnu

vasino

กระโถน

krathon

anello

แหวน

waen

bracciale

กำไลข้อมือ

kamlaikhomue

collana

สร้อยคอ

soikho

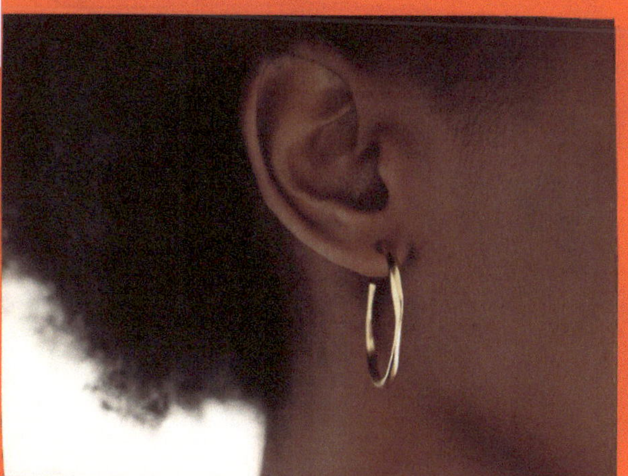

orecchino

ต่างหู

tanghu

cioccolato
ช็อกโกแลต
chokkolaet

popcorn
ป๊อปคอร์น
pop khon

marmellata
แยม
yaem

pane tostato
ขนมปังปิ้ง
khanompangping

miele

น้ำผึ้ง

namphueng

burro

เนย

noei

pane

ขนมปัง

khanompang

gelato

ไอศกรีม

aisakrim

semola

แป้งเซมะลี

paeng se ma li

riso

ข้าว

khao

pasta

พาสต้า

phatta

minestra

ซุป

sup

latte

นม

nom

acqua

น้ำ

nam

succo

น้ำผลไม้

namphonlamai

kiwi

กีวี

kiwi

lampone

ราสเบอร์รี

ra saboe ri

pompelmo

ส้มโอ

som-o

melone

เมลอน

me lon

prugna

พลัม

phlam

albicocca

แอปริคอท

ae pari khot

melograno

ทับทิม

thapthim

fico

มะเดื่อ

maduea

mirtillo

บลูเบอร์รี

blu boe ri

mirtillo rosso

แครนเบอร์รี

khrae ri

cachi

ลูกพลับ

luk phlap

litchi

ลิ้นจี

linchi

frutti
ผลไม้

phonlamai

verdure
ผัก

phak

avocado
อะโวคาโด

awokhado

fagiolino
ถั่วฝักยาว

thuafakyao

broccolo

บร็อคโคลี

brok kho li

melanzana

มะเขือ

makhuea

piselli

ถั่ว

thua

peperone

พริกหวาน

phrik wan

barbabietola

บีทรูท

bi tharut

lattuga

ผักกาด

phakkat

indivia

เอนไดฟ์

en dai

carciofo

อาร์ติโชค

a ti chok

porro
กระเทียมต้น

krathiamton

cipolla
หัวหอม

huahom

aglio
กระเทียม

krathiam

zenzero
ขิง

khing

noci
วอลนัท

wonnat

mandorla
อัลมอนด์

anmon

pistacchio
ถั่วพิสตาชิโอ

thua phitsa ta chi o

anacardo
เม็ดมะม่วงหิมพานต์

metmamuanghimmaphan